Charles de Rémusat

Liberté
et
Démocratie

essai

ISBN : 978-1533613295

10 9 8 7 6 5 4 3 2 1

Charles de Rémusat

Liberté et Démocratie

essai

Table de Matières

Liberté et Démocratie   6

Liberté et Démocratie

Une opinion puissante a séparé la démocratie de la liberté, et d'une distinction plausible on fait quelquefois de part et d'autre un antagonisme. On trouverait encore, sans beaucoup chercher, des politiques qui soutiennent qu'une aristocratie est nécessaire à la liberté, ce qui condamnerait, j'en ai peur, la France et tôt ou tard toutes les sociétés modernes à la servitude ; mais plus nombreux et plus redoutables sont ceux qui prétendent que la démocratie n'a pas besoin de là liberté, et qu'elle s'en passe volontiers là où elle est publiquement reconnue et comme consacrée par l'origine populaire de la souveraineté. C'est l'opinion que nous venons discuter.

Ce qu'on appelle la question de la démocratie n'est pas chose nouvelle : on a montré ici même[1] que, dès le temps de la restauration, cette question avait été nettement posée et sérieusement abordée. C'est alors que le mot démocratie changea un peu de sens pour prendre la signification qu'on lui donne communément aujourd'hui. Chez les Grecs, qui l'ont inventé, ce nom désignait le gouvernement direct du peuple, et il est remarquable que le publiciste de l'antiquité le moins favorable à l'aristocratie, Aristote, prend toujours la démocratie en mauvaise part et n'entend par là que la domination de la multitude, qu'il met bien au-dessous du gouvernement des classes moyennes. En France, de nos jours, on en est venu à nommer surtout démocratie un certain état de la société, et l'on a dit, sous tous les régimes depuis 1789, que la France était devenue, une société démocratique. Cette constitution sociale de la France a été regardée comme la solution réalisée de la fameuse question de Sieyès : « Qu'est-ce que le tiers ? » La démocratie française est le grand phénomène social du siècle, l'objet de toutes les observations et de tous les doutes des publicistes, l'objet de toutes leurs craintes fit de toutes leurs espérances. La démocratie ainsi conçue, je lui rends son vrai nom, disait Royer-Collard, c'est l'égalité des droits, et moi je dis : Je rends à l'égalité son vrai nom, c'est la justice.

Pour quiconque se réclame des principes de 89, il semble étrange

---

1 Voyez l'*Esprit de Réaction* dans la *Revue* du 15 octobre 1861.

Charles de Rémusat

de contester un moment que la démocratie doive être libre, que la liberté soit la compagne naturelle de l'égalité. Liberté, égalité, ces deux mots se lisent accouplés dans plus d'une ligne de Montesquieu ; je les retrouve unis dans une phrase de Turgot : Montesquieu et Turgot, ces précurseurs ! N'ont-ils pas été, ces deux mots, gravés ensemble par le génie de 89 sur les tables de la loi ? Qui donc aurait l'audace d'effacer l'un ou l'autre ?

On l'a osé cependant, et cette rature n'a pas toujours été faite de main de despote ou de courtisan. Ce ne sont pas toujours les adorateurs empressés du pouvoir absolu qui sont venus en plaider la cause, en déclamer le panégyrique imposteur. Que des jurisconsultes dignes de Byzance célèbrent L'absolutisme byzantin, leur sophistique connue n'étonnera pas plus qu'elle ne persuade, et tout empire trouvera des Tribonien qui mettront leur érudition à ses ordres et déterreront des citations à l'appui de tous ses caprices : on n'aurait rien à dire à ce genre de savants qui font gloire d'enseigner le droit contre le droit ; mais l'absolutisme a des apologistes plus honnêtes et plus désintéressés, et il ne les rencontre pas tous parmi ces sceptiques découragés, parmi ces observateurs mélancoliques qui, touchés de l'infirmité radicale de l'humanité, chagrins des fautes et des malheurs du temps, voient des dangers dans ses nouveautés, un déclin dans ses progrès, et condamnent une société en décadence au régime de la tyrannie. On concevrait encore qu'une prudence inquiète, une sagesse attristée regardât la servitude politique comme une déchéance inévitable, comme le dernier espoir d'un temps désespéré. Ils ne sont pas rares les pénitents qui acceptent cette humiliation comme nécessaire, et déclarent que leur siècle ne vaut pas mieux que cela ; mais ils ne sont pas les seuls à mettre à l'écart la liberté constitutionnelle. Parmi les esprits les plus enthousiastes des formes et des progrès de la société moderne, parmi les juges les plus sévères, les contempteurs les plus décidés des préjugés et des misères du passé, se comptent en assez grand nombre des indifférents en matière de droits politiques. La même voix qui chante les conquêtes de la civilisation contemporaine trouve souvent des accents pour prêcher aux nations une abnégation complaisante. Les plus fiers de leur temps et de leur pays demandent à l'un et à l'autre comme un sacrifice utile et facile l'abandon des institutions populaires. Dans l'intérêt même de ses progrès, ils conseillent à la société de se laisser mener et non de se conduire elle-même. Ils veulent être grands et ils ne savent pas être libres.

Un exemple historique s'est trouvé tout à souhait pour colorer, pour motiver cette transformation de l'ancien régime en démocratie administrative que l'on conseille à la nation française. On s'est rappelé que la république romaine était sortie de la tempête des guerres civiles en s'échouant sur l'écueil du despotisme, et, sans considérer si un tel événement faisait loi, si des antécédents tout différents devaient aboutir à une révolution identique, si une monarchie de plusieurs siècles devait absolument finir comme une république de plusieurs siècles, on n'a vu qu'une chose : c'est que Rome avait marché vers la démocratie, et que César s'était trouvé le chef de la démocratie ; d'où le gouvernement des césars, c'est-à-dire quatorze siècles de despotisme amenant les Goths à Rome et les Turcs à Constantinople. Et en effet il se peut que, si la démocratie se reconnaît ou se suppose inhabile à se gouverner, elle ait pour unique recours cette instabilité dans la tyrannie, cette perpétuité de révolutions sans délivrance, qu'on appelle par décence le gouvernement des césars. On sait que la conclusion du grand ouvrage de Tocqueville avait été déjà cette alternative posée à la démocratie : la liberté ou les césars ; mais Tocqueville souscrivait à cette alternative avec une douleur profonde, et c'est à ceux qui l'accepteraient sans regret, ou plutôt à ceux qui opteraient pour les césars, que nous avons à dire un mot.

Je voudrais me détacher autant que possible des opinions bien connues qui me séparent des théories dictatoriales de gouvernement pour représenter celles-ci avec une impartiale fidélité, pour en dégager l'analyse de tout blessant souvenir, de toute pensée amère qui pût donner à la vérité l'air de l'injustice. Ceux-là mis à part qu'une certaine bassesse d'âme prosterne naturellement aux pieds de la force, il faudrait beaucoup de misanthropie et d'aveuglement pour ignorer que, dans une société bouleversée par de fréquents orages, il peut, il doit naître chez beaucoup d'honnêtes gens une partialité désintéressée pour le pouvoir absolu. Ceux qui ont confiné leur vie dans le cercle des intérêts civils et des sentiments privés tendent à l'indifférence politique, et, pour peu que les événements aient paru menaçants, cette indifférence se change inévitablement en un

Charles de Rémusat

optimisme gouvernemental qui voit dans le pouvoir, quel qu'il soit, le sauveur de la société, et fait de la mesure de sa force la mesure de la sécurité publique. Ce n'est pas une disposition nouvelle dans aucun pays, et particulièrement dans le nôtre. Les temps où elle n'a pas prévalu font exception dans notre histoire, et le cours de la révolution française a été entrecoupé par de semblables réactions, que l'esprit de parti seul peut ne pas trouver naturelles. Que ces réactions ne soient pas l'œuvre des esprits les plus fermes et les plus élevés du pays, la chose est évidente ; mais la société n'est pas destinée à toujours suivre les plus élevés et les plus fermes des esprits. Si elle en était constamment capable, on peut dire qu'elle n'aurait plus besoin d'eux : elle se conduirait elle-même.

La révolution française n'a été ni assez heureuse ni assez sage pour enchaîner à tous ses principes, à toute sa cause la fidélité nationale. Comme l'astre du ciel, elle éclaire bien toutes nos journées mais elle a, comme lui, ses inégalités et ses saisons : sa lumière est plus pâle ou plus vive, et luit plus ou moins longtemps sur nos têtes. Notre monde social a ses mornes hivers et ses radieux étés Le jour le plus brillant a son déclin. Le miracle de Josué ne s'est pas renouvelé dans la politique : il faut donc céder à l'empire des faits ; mais, si l'on doit s'attendre à ces oscillations tant que le sort définitif d'une grande nation n'est pas fixé, si l'on doit des égards aux sentiments excusables de prudence et de découragement qui s'emparant des individus, intimident l'esprit public, on peut se montrer plus difficile envers les systèmes qui ne manquent pas d'éclore à la suite de ces retours d'opinion pour leur servir d'apologie doctrinale. Les hommes ne se contentent pas de céder à un mal in évitable ; puisqu'ils y cèdent, ils veulent que ce ne soit pas un mal, et ils inventent sur-le-champ des raisons pour prouver que c'est un bien. Leur amour-propre ne s'accommoderait pas du rôle modeste de serviteurs des événements ; point d'évolution dans l'opinion qui n'ait immédiatement sa théorie. Ne nous croyons pas tenus d'y déférer sans résistance ; seulement convenons qu'on peut avec beaucoup d'esprit soutenir qu'il y a soit dans une société, soit dans l'humanité même, un contingent permanent d'erreurs, de vanités et de passions formant un insurmontable obstacle à la durée du règne de la raison nécessaire au maintien d'un état libre. On peut sur ce fondement faire échec à toutes les espérances qui parent les destinées futures de la société. Nous pouvons tous les lundis voir cette thèse spécieuse et décourageante reproduite sous les formes les plus ingénieuses et dans ses applications les plus variées. J'accorderai même que, pour des raisons fort différentes, elle aurait fort bien pu séduire également Bossuet et Voltaire. Ceux qui la rajeunissent aujourd'hui voient que je les mets en bonne compagnie, et elle est si bonne qu'ils me permettront de les y laisser, et qu'ils s'y passeront aisément de la mienne.

Mais voici d'autres gens d'esprit, nullement dégoûtés des choses humaines, fort épris au contraire de la doctrine du progrès, grands partisans de la perfectibilité, et qui soutiennent cependant une politique où la liberté descend au second rang. Tout le monde connaît cette conception qui met le droit de choisir ou de ratifier son gouvernement au-dessus du droit de se gouverner soi-même, ou du moins de participer effectivement à la conduite des affaires publique. Suivant certains publicistes, la démocratie est un fait impérieux qui veut être proclamé et une chose vaine qui se contente de cela. Pourvu que l'origine du gouvernement soit démocratique et qu'il le reconnaisse, peu importe que sa direction le voit ; ce qu'il faut au peuple, c'est une satisfaction d'amour-propre. Dès que son choix remplace le principe de la légitimité, il peut rester étranger au pouvoir et recevoir d'en haut une politique toute faite. Devenue comme la dispensatrice du droit divin, la démocratie peut s'appliquer ce qu'on a dit de Dieu, elle a commandé une fois et elle obéit toujours. Elle donne nécessairement son esprit en déléguant sa souveraineté, et toutes les précautions légales qu'elle prendrait ensuite contre l'action discrétionnaire du pouvoir seraient prises contre elle-même : ce seraient au moins des atteintes à son propre ouvrage, la rétractation de sa confiance et la condamnation de son choix. Les institutions représentatives qui mettraient le pouvoir au concours manqueraient de respect à la démocratie, en supposant qu'elle n'inspire pas la souveraineté qu'elle a créée.

On critique la monarchie constitutionnelle comme un gouvernement de fiction. Il y aurait bien plus de fictions encore dans cette monarchie démocratique absolue, car elle supposerait que le roi ne peut faire mal en gouvernant seul et par lui-même. Les ministres, quoique librement ministres, ne répondraient de rien et seraient innocents, à la charge de prouver qu'ils ont obéi. Ainsi

Charles de Rémusat

l'institution démocratique conférerait au prince l'infaillibilité, et à ses ministres l'inadmissibilité du salut. La théologie scolastique n'a rien de plus subtil et de plus forcé.

Je suis prêt à convenir que, dans la réalité, aucune constitution effective ne réalise ces conséquences extrêmes. De serviles commentateurs ont beau dire, leurs théories sont limitées par les faits. Encore moins sont-elles acceptées par tous les écrivains sincères qui cependant, entre l'école démocratique et l'école libérale, ont opté pour la première. Ils peuvent bien ne point partager notre vieille foi dans ces sauvegardes constitutionnelles que toute l'Europe s'est mise à réclamer depuis que la France s'en est montrée moins jalouse ; mais leur amour du pouvoir ne va pas jusqu'à la haine de la liberté.

Ainsi pense certainement M. Anselme Petetin. Dans les, mélanges qu'il vient de réimprimer sous le titre de *Discussions de Politique démocratique*, il borne à peu presses vues sur la constitution de l'état à la conquête de ce qu'il appelle singulièrement l'égalité représentative, c'est-à-dire une représentation fondée sur l'égalité, ou pour nommer les choses par leur nom, sur le suffrage universel. Quel sera d'ailleurs le pouvoir de cette représentation ? De quelles prérogatives armée pourra-t-elle faire prévaloir dans le gouvernement le vœu, l'opinion, la volonté du pays ? Dans le cerclé de quelles garanties gardiennes de tous les droits individuels sera-t-elle appelée à se mouvoir et à déterminer la politique de l'état, à assurer sa force et son action sans attenter à l'indépendance légitime du citoyen ? Sur tous ces points, les plus essentiels pour la liberté, l'auteur se tait ou se borne à quelques généralités qui semblent accuser un peu d'indifférence. Assurément il y aurait iniquité à supposer ami du pouvoir arbitraire un écrivain qui, dans maint passage, proteste en faveur de la justice contre la révolution française elle-même. M. Petetin relève vivement contre cette doctrine de la souveraineté du but qui tient tous les moyens pour licites s'ils sont efficaces. Dans plus d'une page écrite avec autant de force que de justesse, il combat ces apologies de la tyrannie révolutionnaire qui ont desservi et diffamé la plus belle des causes, et compromis mortellement ce qu'elles voulaient défendre. Elle est de lui cette parole ingénieuse et vraie : « Le jacobinisme évoque le fantôme de la terreur pour faire peur aux

rois ; ce sont les peuples qu'il effraie. » Sans doute un aussi franc
ennemi de l'oppression des minorités ne peut être fort épris des
beautés du despotisme. Cependant on risque toujours de se faire
soupçonner de méconnaître les garanties réelles de la liberté
lorsqu'on attache une importance presque exclusive à une forme
électorale égalitaire, surtout si l'on s'érige en censeur sévère des
luttes, des manœuvres et des doctrines de tous les partis, et si l'on
recommande comme le but suprême de la politique pratique leur
conciliation telle qu'elle a été tentée par l'immortel fondateur du
premier empire. La conciliation des partis ne s'obtient guère qu'en
leur imposant silence, et le silence des partis ne va pas sans leur
esclavage ; M. Petetin sait très bien que la souveraineté du nombre,
même constituée sous la forme du suffrage universel, pourrait
servir d'enseigne à la tyrannie, lui qui reproche à Rousseau de s'en
être trop facilement accommodé pour avoir pris son idéal dans
la cité antique sans aucun respect du sentiment chrétien ; mais
c'est une faible sauvegarde, soit pour les individus, soit pour les
minorités, soit même pour la société tout entière, que ce vague
appel au sentiment chrétien. On voudrait savoir par quels moyens
l'auteur entend le faire rentrer dans l'organisation démocratique,
ce sentiment chrétien, qui n'est apparemment que le sentiment du
droit sous un nouveau nom de baptême. Où sont-ils les boucliers du
droit contre cette arme puissante de l'égalité représentative ? On ne
me les montre nulle part et une telle lacune est peu rassurante dans
un ouvrage écrit avec l'accent de la conviction et de la confiance,
où l'on semble avoir eu pour but unique d'établir qu'en tout temps
on a cru à la nécessité comme à la légitimité du 18 brumaire, qu'en
tout temps on a regardé Napoléon comme le seul roi du peuple,
que *nulle politique n'a été plus modérée que la sienne*, et que le
port où la révolution française doit s'abriter après tant d'orages
a pour phare l'exemple lumineux du conciliateur guerrier qui l'a
livrée deux fois sanglante et désarmée à la coalition victorieuse.
Nous donnons acte à M. Petetin de sa prévoyance comme de sa
franchise. Longtemps avant 1852, avant 1848, il a pensé que le
nom de Napoléon devait être, pour emprunter une expression de
son héros, l'étoile polaire de la France ; mais nous qui, en 1840,
l'avons appelé *un héros populaire*, il nous sera bien permis de dire
à la démocratie que, si elle prenait pour type de son gouvernement

Charles de Rémusat

le premier empire, elle abdiquerait. Ne contestons rien, accordons tout, la gloire, le génie, la fortune ; il faudra bien nous concéder en retour que sous l'empire il n'y avait en France qu'une volonté. Est-ce là le règne de la démocratie ? S'il en était ainsi, la démocratie serait destinée à donner à l'aristocratie une revanche assez piquante de sa trop juste défaite. L'histoire a reproché, non sans fondement, à l'aristocratie française de n'avoir jamais, du temps qu'elle semblait puissante exercé ni même ambitionné le pouvoir politique, et, satisfaite de titres vains et d'apparences pompeuses, de ne s'être jamais montrée jalouse ni capable de se saisir du gouvernement au nom de l'intérêt public. La démocratie serait-elle donc destinée à donner le même exemple ? Contente d'être nominalement honorée, officiellement proclamée, devrait-elle faire peu de cas du pouvoir réel, s'en abstenir comme d'une fatigue, et décorer, représentation oisive, l'absolutisme d'un Louis XIV à venir qui commanderait, voudrait, penserait pour elle ? Alors, de quelque nom qu'elle se pare, la France, aristocratique ou démocratique, ne serait propre qu'à servir et à parer la servitude. Noblesse ou peuple, elle serait à tout jamais incapable de la liberté politique. Est-ce là ce qu'elle pensait d'elle-même en 1789 ?

Un autre écrivain qui se range aussi sous le drapeau de la démocratie, M. Guéroult, a également recueilli quelques-uns des articles insérés par lui dans divers journaux, et surtout dans celui dont il est le rédacteur en chef. Ses *Etudes de Politique et de Philosophie religieuse* nous le montrent tel que nous le connaissons, toujours «prêt à généraliser les questions, habile à les traiter avec ordre, avec netteté, avec vivacité, aimant la controverse, mais la voulant sincère et concluante, dédaigneux de tout artifice qui voilerait sa pensée ou défigurerait celle de ses adversaires, M. Guéroult a les meilleures qualités du journaliste, et il est rare, en restant aussi systématique, de porter dans le débat autant de mesure et de loyauté. Sa manière est simple, sa discussion solide, et il ne déclame jamais. Lui aussi, en soutenant la thèse de la démocratie, il ne repousse pas le césarisme : je me sers de ce mot, qui ne peut blesser, et qui est aussi clair que son synonyme. M. Thiers n'a-t-il pas dit : « Nous avons vu César lui-même ? » mais M. Guéroult écrit dans la *presse militante et souffrante*, il ne se peut donc qu'il demeure insensible aux intérêts de la liberté. Ou nous sommes bien trompé, ou s'il a cru devoir les subordonner quelquefois à d'autres intérêts qu'il jugeait plus pressants, il est revenu de ces ménagements, et son plus grand souci est aujourd'hui la défense ou la conquête du droit d'écrire comme de penser librement. Cependant, avec M. Petetin, M. Guéroult admet, sans en faire, il est vrai, la base de sa politique, l'identification de la révolution française et de Napoléon. Elle se personnifia en lui pour se défendre.

Cette opinion n'est ni rare ni nouvelle, et peut-être doit-elle son origine à cette nécessité de circonstance qui a poussé, sous la restauration, le libéralisme et le bonapartisme à s'unir au point de se confondre quelquefois. L'un et l'autre avaient le même drapeau : la cocarde de Lafayette était celle du vainqueur d'Austerlitz. La communauté de disgrâces et d'antipathies rapprochait ces deux partis dans une commune opposition, et ce besoin, si puissant parmi nous, de fabriquer une théorie qui érige nos sentiments en système conduisait à ne voir dans l'empereur que le représentant de la révolution. Il l'était sans doute à certains égards, mais il était bien autre chose encore, et l'on exagérait une vérité partielle au point d'en faire la fausse majeure de plus d'un sophisme. Issu de la révolution, Napoléon l'attestait par son pouvoir même : il semblait constater l'anéantissement de tout ce qu'il remplaçait ; mais il adoptait la révolution en éclectique, plus attentif aux intérêts qu'elle avait créés que fidèle aux principes qu'elle avait proclamés. Que faisait-il des idées qu'elle avait lancées par le monde ? C'étaient comme des coursiers généreux et rapides qu'il attelait à son char, mais il les menait où il voulait, changeant leur voie et leur allure, les menaçant du fouet redoutable. Franchement peut-on soutenir que, toujours en présence *des efforts désespérés de l'Europe pour étouffer en France l'épanouissement des principes*, Napoléon ne put jamais *éviter la lutte* ? La bataille de Marengo peut encore être regardée comme une victoire à mettre au compte de la révolution française ; mais, ce grand jour passé, il est très douteux que la rupture de la paix d'Amiens ne doive pas être imputée à la politique personnelle de l'empereur, et la bataille d'Austerlitz n'a guère été que la glorieuse inauguration de la monarchie impériale. Des lors celle-ci n'eut plus à faire de grande efforts pour être acceptée et respectée. Les rois du continent purent la craindre comme conquérante ; ils l'honoraient comme conservatrice. À partir de la paix de Pétesbourg, par quel

Charles de Rémusat

artifice établir que c'est la cause de la révolution française qui voulait les quatre grandes guerres offensives dont la dernière a perdu la patrie. Parce qu'en 1814, l'Europe couronnée, se voyant victorieuse et toute-puissante, fit des restaurations à profusion, et laissa relever en France le drapeau blanc plutôt qu'elle ne le releva elle-même, il n'en faut pas conclure qu'en 1806 ; en 1810, elle nourrît de pareils projets et rêvât de pareilles chimères. La dynastie impériale était alors fondée pour elle, et ce n'est pas de haut que les vieilles royautés la contemplaient. Ni Alexandre sur le radeau du Niémen ou dans l'entrevue d'Erfurt, ni François II en disposant de sa fille, ne croyaient traiter avec un usurpateur, encore moins embrasser en lui les principes de la révolution française. Ils pensaient au contraire la clore en ralliant avec celui qui, à leurs yeux, l'avait domptée, et quand ils furent réduits à prendre les armes contre lui, c'est sa puissance et son caractère qu'ils redoutaient, et non pas sa philosophie. Ils voyaient en lui le dominateur, non le libérateur, et défendaient beaucoup moins leurs principes que leurs états. Si l'on veut dire qu'une fois chaque guerre engagée, il importait à la révolution même que la France qui l'avait faite fût victorieuse, à la bonne heure : le drapeau tricolore ne peut cesser d'être celui de 1789 ; mais enfin nulle apparence plausible n'autorise à supposer que l'intérêt sacré de l'égalité et de la liberté commandât la guerre d'Espagne ou la campagne de Russie. Et, comme pour démentir cette patriotique hypothèse, le ciel a voulu que les désastres mêmes de la France, par une sorte de compensation, rendissent le ressort et la vie à l'esprit de 1789. Jamais la France n'a été plus libérale que de 1814 à 1848. Regarder l'empire comme la simple continuation de la révolution et non comme un poème qui peut en être détaché, et qui se soutient par sa propre grandeur, c'est prendre l'*Iliade* pour un épisode, et la trouver insuffisante parce qu'elle ne contient ni l'enlèvement d'Hélène ni la prise de Troie. On croit défendre et l'on rapetisse en réalité Napoléon, lorsqu'on le réduit à n'être qu'un des instruments de la révolution française. C'est méconnaître en lui une de ces personnalités dominatrices qui agissent pour leur compte et mettent du leur dans les choses humaines. Ses pensées, ses volontés, ses passions, sont bien de lui, et ont imprimé à ses œuvres une originalité ineffaçable. Quoiqu'il ait finalement échoué dans ses principales créations, il a été créateur, et, loin qu'il n'ait été que le glorieux serviteur de la révolution française, c'est elle qui l'a servi. L'empereur a été lui-même, et il a péri pour avoir voulu subjuguer et non pas suivre la force des choses. Pour lui comme pour nous, que ne s'est-il contenté d'être le suprême agent de la révolution ? Mais les hommes comme lui ont un *moi* qui ne se subordonne jamais.

On demandera pourquoi, s'il a tout rapporté à lui, son nom est resté populaire. C'est que nul sentiment n'est aussi désintéressé que l'admiration. Si l'on étudie des faits, on ne voit pas que les classes les plus laborieuses de la société aient dû à l'empire aucuns bienfaits particuliers, aucuns en dehors de ceux qui résultent nécessairement de l'ordre public et d'une administration régulière. Les rigueurs de la conscription ont spécialement pesé sur elles, et vers la fin elles ont ressenti dans leur plus grande intensité les douleurs de l'invasion. La paix, si chèrement payée, fut un bien dont il faut avoir vu les effets, pour les apprécier. À peine la restauration commençait-elle à se relever des misères de son origine, dès 1818, époque de libération et d'espérance, la prospérité publique, les contemporains s'en souviennent, prit son premier essor. On aperçut les signes naissants d'un bien-être général dont on ne connaissait pas d'exemple, et à partir de 1825 jusqu'à nos jours la France ouvrière et productive a marché dans la voie d'un progrès sans égal, à peine interrompu par deux ou trois crises passagères. Approchez-vous cependant des masses populaires, surtout des populations rurales ; interrogez-les, et voyez qui leur a laissé le plus grand souvenir du gouvernement, qui les a fait jouir de la paix ou de celui qui leur ai valu l'invasion. Ingrates du bonheur, elles sont reconnaissantes du malheur et de la gloire. C'est que le peuple, surtout dans les campagnes, ne connaît et ne juge des gouvernements que par l'imagination. Il est encore près de cet âge des sociétés où l'histoire place les temps héroïques. Il aime la fable ; il conçoit poétiquement ce qu'il ne connaît pas, et, faisant de sa propre histoire un mythe fantastique, il ne l'accepte qu'éclatant, grandiose et vague : et telle est pour lui la renommée de Napoléon. Par un contraste avec son siècle, qui se dit positif et se pique de rationalisme, Napoléon appartenait à cette race de grands hommes qui parlent à l'imagination plutôt qu'à la raison. C'est en effet entre ces deux facultés humaines qu'ont à choisir ceux qui veulent laisser

Charles de Rémusat

un souvenir à l'histoire, et les plus mémorables d'entre eux, ceux qui s'emparent le plus puissamment de d'immortalité, sont ceux qui échappent, par une grandeur voisine des nuages, à la mesure, au calcul, à l'analyse, et semblent sortir de toutes les proportions connues. Napoléon a été de ceux-là. C'est ainsi qu'il est devenu si vite et si aisément un personnage fabuleux, jusque-là que sa mort a longtemps passé pour une fable. L'émancipation des peuples, leur âge de discernement ne sera venu que lorsqu'ils jugeront les grands hommes avec leur raison.

Cette observation n'ôte rien à la grandeur de celui qui la suggère, non plus qu'à la puissance de son nom. La mémoire de l'empire n'en reste pas moins une force politique qu'il y aurait de l'enfantillage à contester, et qui ne sera jamais un médiocre moyen de pouvoir dans les mains qui le sauront manier ; mais il est permis de dire à la démocratie qu'elle serait bien peu exigeante, s'il ne lui fallait pour la satisfaire qu'un nom et rien de plus, et qu'elle a droit d'attendre de ses gouvernements autre chose qu'un sujet d'éternel entretien autour du foyer rustique.

M. Guéroult a pour elle, nous n'en doutons pas, d'autres prétentions, et d'anciens rapports avec une secte célèbre qui a mis en première ligne le problème économique de la société moderne nous sont garants que pour toute la gloire des Alexandre et des César il ne transigerait pas sur le bonheur social. C'est le point que n'a jamais entendu sacrifier le saint-simonisme, et le moment n'est pas venu de l'abandonner. Pourquoi faut-il que sur ce point même nous ayons encore à faire nos réserves, et qu'avant de rechercher avec l'honorable écrivain quelques-unes des conditions d'un heureux avenir pour la démocratie, nous soyons encore obligé de trouver à redire à sa manière de concevoir et de caractériser l'âge des sociétés modernes ? M. Guéroult, ennuyé des doctrines ascétiques, qui, si elles étaient conséquentes, interdiraient jusqu'à la moindre amélioration de la condition de l'homme sur la terre, prend, comme Chrysale, la défense de *la guenille*, soutient à l'église que *l'homme veut être aimé dans son corps*, et semble ne voir dans le grand mouvement du XVIe siècle qu'une réaction contre le mépris de cette chair de péché dont on n'avait enseigné jusque-là que la mortification. Or prendre ainsi les intérêts de la matière, c'est, ce semble, donner gain de cause à ceux qui ont appelé le saint-simonisme l'évangile de la chair. Supposer que la renaissance n'en a été, selon une expression connue, que la réhabilitation, c'est rabaisser l'esprit, diminuer les résultats d'une époque qui a fait de la force morale la rivale de toutes les puissances de ce monde. La renaissance a été avant tout un grand fait intellectuel, plus intellectuel que tout le moyen âge. Elle a réparé ce que le moyen âge avait mutilé, redressé ce qu'il avait abattu. Sans doute elle a fait rentrer toute la nature dans la science et dans l'art ; mais, rappelant la pensée à son universalité, ce qu'elle a relevé, c'est l'humanité tout entière. Elle n'a point pour cela glorifié la matière et tout ramené à une nouvelle philosophie d'Epicure. Si de cet heureux réveil date pour les hommes un lent accroissement de la force, de la santé, du bien-être, ce n'est pas que toutes ces choses aient été mises au-dessus du reste ni présentées désormais comme les seuls ou les premiers des biens : c'est que toutes ces choses sont le complément de la puissance de l'humanité, c'est qu'elles sont les conditions de ses progrès et les données de sa perfection. Ce que la renaissance lui a promis, c'est d'assurer, d'agrandir son empire sur la nature, ou le triomphe de l'intelligence et de la volonté, triomphe qui ne s'obtient que par la patience, le courage, la persévérance, c'est-à-dire par des vertus. Le vrai but de la renaissance, le vrai but du génie des temps modernes, c'est donc la dignité de l'homme sur la terre.

Toutes les apologies tardives du moyen âge, tout le dilettantisme des préraphaélites politiques qui n'admirent que la science avant Galilée, la théologie avant Luther, l'art avant Michel-Ange, la philosophie avant Bacon et Descartes, n'empêcheront pas que le mouvement qui a pris naissance au XVe siècle n'ait été un mouvement libérateur. Les contemporains ne se sont pas trompés quand ils ont cru saluer une ère de délivrance. Tous ils ont senti que des fers leur tombaient des mains, et rien ne nous persuadera que l'humanité doive des regrets aux jougs qu'elle a brisés. Aussi la liberté, après avoir été le caractère de ce premier effort, est-elle restée l'objet final de tout progrès. La liberté a des formes et des applications diverses ; mais sous toutes ses formes et dans toutes ses applications elle est l'esprit même de la renaissance développé et confirmé par le temps. Elle n'est pas une conséquence possible, un résultat éventuel de l'émancipation de l'esprit humain. Encore

Charles de Rémusat

moins est-elle une pure négation des choses du passé. Non, aujourd'hui comme au premier jour que l'homme s'est mis à penser par lui-même, elle est à la fois le but et le moyen, elle est le principe et la fin. C'est par cette pensée, nous le craignons, que nous différons de M. Guéroult, non assurément qu'il fasse fi de la liberté ; mais elle pourrait n'être pour lui qu'un accessoire, et nous la mettons au premier rang.

Elle n'est pas en effet l'unique bien de ce monde, mais elle en est le plus nouveau. Voilà tantôt quatre cents ans, pas davantage, que nous avons commencé ou recommencé à comprendre les raisons d'être libres. On s'est figuré quelquefois, et dans les meilleures intentions du monde, que la liberté datait de plus loin, et l'on a cru en retrouver les garanties primitives dans ces forces diverses qui, dès le moyen âge, se résistaient les unes aux autres. Assurément jamais le pouvoir qu'on appelle absolu n'est absolument illimité. Jamais la prépotence d'un maître ou d'une caste ne manque de rencontrer, de susciter quelque obstacle ; mais ces conflits, ces collisions livrées au hasard des événements, ne sont pas plus la liberté de droit commun qu'une science sans méthode n'est une science. Lors donc que la révolution française, qui n'est que l'entrée impétueusement victorieuse de l'esprit de la renaissance dans la politique, a commencé son œuvre de régénération, elle a bien fait de proclamer la liberté.

Ce fut son premier cri, l'égalité ne vint qu'à la suite. Nous observons la même gradation. D'autres adversaires nous ont quelquefois demandé compte de nos préférences persistantes pour la liberté, comme si l'ordre, qu'on lui donne pour pendant, n'avait pas droit à une sollicitude égale. Voici nos raisons. Puisque la liberté est chose nouvelle, il faut bien qu'à la rigueur on puisse s'en passer. Et en effet on s'en passe. Elle fait tristement défaut dans les annales du monde. On trouve en tout temps des gens pour se consoler de la perdre, pour se vanter de la détruire ; on n'en trouve pas pour dire que l'ordre n'est pas nécessaire. Il l'est tellement qu'il ne disparaît jamais entièrement, et qu'à peine troublé, il se rétablit de lui-même. Les temps de désordre se comptent par jours, les absences de la liberté se comptent par siècles dans l'histoire. On ne manquera jamais de défenseurs pour l'ordre. Je ne le déprécie pas pour cela ; je dirai, si l'on veut, qu'il est la santé, la vie des sociétés ; mais la liberté est leur honneur. Ceux qui aiment l'ordre plus que la liberté préfèrent la vie à l'honneur.

Venons à l'égalité. Il y a plus longtemps qu'il en est question. L'inégalité dans la loi commune choque un sentiment de justice que les peuples libres ne sont pas les seuls à éprouver. Les privilèges sociaux ont essayé vainement de se faire prendre pour les pouvoirs d'une magistrature politique. Le bon sens et l'amour-propre ne sont pas dupes, et il est impossible de leur persuader que le bien de l'état veuille que les plus considérables des citoyens ne paient point la taille. Si l'on avait eu le dessein prémédité de perdre la noblesse, rien n'eût été mieux inventé que de lui donner, comme en France, pour distinction exclusive le service militaire, celui de tous les services publics auquel la nation entière s'est toujours montrée le plus propre. Aussi-était-il juste que la révolution signalât surtout son avènement par la création d'armées incomparables, et prouvât au monde que ce que la noblesse voulait faire seule était précisément ce que le peuple faisait le mieux. C'est pourquoi la conquête de l'égalité passe pour faite et pour assurée. Cela est certainement vrai de l'égalité qui dépend des lois civiles. Le droit commun est aussi regardé comme la règle de l'administration, et quand la faveur et la partialité s'en écartent, elles ne s'en vantent pas. Ce serait cependant s'avancer beaucoup que de dire que l'égalité n'a plus de progrès à faire, de garanties à demander. Il y a dans une grande société des inégalités nécessaires de fortune et de lumières que les lois n'ont pas créées, auxquelles les gouvernements ne peuvent rien. Ces inégalités, on ne peut les détruire ; mais on ne doit pas les aggraver. C'est pourtant ce que peuvent faire la législation et l'administration, lorsqu'elles ne tiennent pas assez de compte de la différence qui subsiste entre ceux qui jouissent d'une propriété stable et ceux qui vivent d'un salaire gagné chaque jour par le travail. Cette différence est si grande qu'elle fait sortir d'une loi uniforme des résultats très différent. Le système des charges publiques, par exemple, révisé d'après cette idée, donnerait peut-être lieu à plus d'une réforme commandée par la véritable égalité, c'est-à-dire par la justice.

Est-ce à dire que l'intérêt des pauvres doive dominer dans le gouvernement, ce qui est, suivant Aristote, le caractère spécial de la démocratie ? Non ; nous pensons, comme lui, que le vrai régulateur

Charles de Rémusat

est l'intérêt général. À la vérité, il ne croit cette condition remplie que dans le gouvernement des classes moyennes. Eh bien ! nous le suivrons encore en cela : non que les classes moyennes soient pour nous toute la nation ; mais la démocratie n'est pas pour nous la domination de la multitude, ce n'est pas autre chose que l'égalité au sein d'une nation libre. Sur cette base, nous cherchons à édifier le meilleur gouvernement possible. Or ce n'est pas le pourvoir d'un seul, ni d'une aristocratie, ni de la totalité des citoyens ; Qu'est-ce donc ? Celui de quelques hommes qui s'élèvent par l'égalité même, que la publicité désigne à l'opinion, qui, toujours soumis à son contrôle, représentent selon toute vraisemblance ce que veulent l'esprit et l'intérêt commun de la société. C'est à composer ainsi le gouvernement que, soit dans la monarchie, soit dans la république, doit tendre tout l'artifice des constitutions.

Ce gouvernement, j'en conviens, risque fort de se recruter de préférence dans les classes moyennes. Et les classes moyennes, n'est-ce pas ce que les publicistes de la démocratie appellent la bourgeoisie ? Et la bourgeoisie, Dieu sait le mal qu'ils en pensent et qu'ils en disent ! Il nous fâche de voir M. Guéroult se ranger au nombre des détracteurs de cette caste modeste hors de laquelle, je défierais bien tout homme qui tient une plume de se placer.

En vérité, elle a du malheur, cette pauvre bourgeoisie française ! Pour un rêveur, bienveillant cette fois, qui a daigné lui dire un jour qu'il était tout, ce tiers-état, si longtemps honni par les privilégiés de toute origine, a vu depuis un temps sortir de son propre sein des contempteurs tout autrement superbes qui ne songent qu'à lui prouver qu'il n'est rien. Ce n'est pas le moindre des travers de la littérature contemporaine que la manie aristocratique qui l'a saisie et qui la range dans presque toutes ses productions du côté du comte Dorante et de la marquise Dorimène contre M. et Mme Jourdain. Ceux qu'on appelle les rapins en langage d'atelier ont commencé : les bourgeois sont pour eux le genre dont les épiciers sont l'espèce, et à qui il est interdit à jamais de sentir le beau et de goûter le talent. Puis sont venus les rapins de la politique, adoptant tous les dédains de l'aristocratie pour conclure en faveur de la démocratie, humiliant dans le présent les bourgeois d'aujourd'hui devant les privilégiés d'autrefois, et, bien sûrs que ceux-ci ne sont plus, déclarant à ceux-là qu'ils ne seront jamais, en sorte que ces pauvres bourgeois n'auraient jamais eu leur temps : il était trop tôt pour eux sous l'ancien régime, il serait trop tard sous le nouveau. Les comédies du jour, les romans en renom sont remplis de cette élégante et seigneuriale malveillance pour la bourgeoisie française, et l'on regrette d'en trouver des traces jusque dans quelques-unes de ces compositions exquises qui sont le charme et la gloire du recueil où j'écris.

Heureusement l'ostracisme politique que l'on voudrait prononcer contre la bourgeoisie n'a aucun sens. Que ses plus cruels censeurs veuillent bien nous dire comment ils s'y prendraient pour mettre le pouvoir dans d'autres mains que celles de la classe moyenne. Ces mots mêmes de bourgeoisie, de classe moyenne, ne sont plus exacts, car l'un suppose une noblesse, l'autre une aristocratie. Or, malgré la fantaisie passionnée qui s'est depuis un temps ranimée pour de vains titres, là où il n'y a plus de privilèges, il n'y a plus de roture. La supériorité de mérite ou de fortune distingue seule les individus. Quant aux classes, il y a celle qui vit de revenus et celle qui vit de salaires, et toutes deux se touchent sur leur limite et s'y confondent. Il y a surtout celle qui a reçu une éducation libérale et celle à qui cette éducation a été refusée. Et qui jamais a prétendu que vivre d'un salaire journalier et manquer de toute éducation ou d'une éducation libérale fussent des titres à la gestion des affaires publiques ? Les plus dédaigneux ennemis du gouvernement des classes moyennes n'ont d'autre prétention, les uns que d'avoir plus de loisir, les autres plus d'esprit qu'elles. Une certaine aisance accompagnée d'une certaine éducation sera donc toujours, sauf des exceptions infiniment rares, le signe d'une aptitude générale aux fonctions, grandes ou petites, du gouvernement. Il ne s'ensuit pas que les plus riches y seront les plus propres, pas plus que les plus ornés des dons les plus brillants de l'esprit, tels que la science ou le talent. La capacité politique est aidée, décorée, rehaussée, mais non suppléée par le talent ou la science ; elle ne se proportionne pas aux facultés qui font le grand artiste ou le grand écrivain : Villèle a fait plus de figure dans le gouvernement que Chateaubriand ; mais, quoique l'art de gouverner ou d'administrer soit, comme on dit, une spécialité, jamais l'ignorance forcée et les vues rétrécies du travailleur qui n'a que ses bras n'en seront l'indice et la condition. Le gouvernement, l'administration se recruteront toujours

Charles de Rémusat

nécessairement dans la portion de la société qui a les moyens et la volonté de bien élever ses enfants.

Cela dit, il y a diverses manières d'employer cette classe au gouvernement. Quelques-uns, on l'a vu, aimeraient mieux qu'elle ne fournît que de simples agents d'exécution. Au-dessus de ceux-ci pyramiderait un chef unique ; il voudrait seul. En lui se personnifierait la démocratie, parce qu'elle l'aurait nommé. Ce choix, par une miraculeuse vertu, conférerait à ses descendants mêmes ce caractère démocratique, indéfectible, inaliénable, puisque la monarchie serait héréditaire. Un seul plébiscite rendu par une seule génération, voilà ce qui serait à tout jamais le résultat de l'avènement de la démocratie. Elle n'en demanderait pas davantage ; cela fait, elle rentrerait dans son néant. C'est là le danger que Tocqueville redoutait pour elle.

De quel droit appeler cela un gouvernement démocratique ? Il ne le sera pas dans son personnel, la démocratie n'y est que gouvernée. Qui garantit qu'il le sera dans son esprit, et depuis quand, abandonné à lui-même, un souverain reste-t-il invariablement fidèle à l'intention de ceux qui l'ont élu ? Un pouvoir sans contrôle et sans contre-poids a-t-il jamais manqué de devenir l'égoïsme armé et constitué ? S'il réside dans une seule main, tout vient de lui, toute crainte comme toute espérance ; les citoyens n'attendent plus rien les uns des autres ; aucune confiance, aucune bonne intelligence ne rattache entre elles les classes diverses de la société. Nous voilà bien loin des chimères de la fraternité. Entre gens qui doivent tout à la souveraineté d'un seul, il n'existe aucun lien. Il n'y a de commun que l'obéissance.

Il faut donc des tempéraments à cette unité absolue. Il faut des institutions, c'est-à-dire qu'il faut des élections et des garanties. Ainsi nous revenons au régime de la liberté. On ne peut s'en écarter longtemps ; après l'avoir déclaré impossible, on est obligé tôt ou tard de le trouver nécessaire. L'impossibilité n'en peut être longtemps soutenue, si l'on ne met le peuple français au-dessous des Belges, des Italiens, des Espagnols. Dieu soit loué ! les adversaires de la liberté sont condamnés à se faire les détracteurs de la patrie. Les principes que nous leur opposons sont maintenant sous la protection de la loi. Le décret du 24 novembre a rouvert la voie aux améliorations constitutionnelles, permis à chacun d'indiquer celles qu'il réclame ou qu'il espère. Voyons donc à quels progrès nous bornons nos vœux.

On peut réduire les libertés du citoyen à la liberté individuelle, à celle des cultes, à celle de la presse, à celle des élections. Les lois qui fonderont ces libertés auront pour garantie dernière l'indépendance des tribunaux. Sous cette sauvegarde, l'individu est libre, mais la nation ne l'est pas encore comme nation. La liberté politique dépend des pouvoirs électifs, qui, formés sous l'égide de ces lois protectrices, sont là pour contrôler et discuter le gouvernement. Or, pour que le gouvernement soit contrôlé et discuté, il est une condition fondamentale, c'est que le ministère soit responsable. Voilà le mot important et le nœud du litige. Des publicistes soutiennent en principe qu'il faut choisir entre la responsabilité des ministres et celle du chef de l'état, et que, comme celle-ci est inévitable, comme la non-responsabilité du prince s'évanouit au bruit des révolutions, la responsabilité des ministres ferait un double emploi qui le gênerait sans le garantir.

Mais quand on dit : les ministres sont responsables, on se comprend. On entend qu'il peut leur être demandé de leurs actes un compte moral, politique, juridique même, par un autre pouvoir que celui qui les a nommés. Dans la monarchie représentative, ils sont responsables devant les chambres, qui peuvent les interroger sur tout, les blâmer, les renverser, les poursuivre ; ils le sont encore devant le public, qui, par la presse, les élections, l'opinion, peut-tempérer, contenir ou abréger leur pouvoir. Ils le sont même en Angleterre devant les particuliers, qui pourraient, dans nombre de cas, les forcer à s'expliquer devant la justice : là tout grief peut devenir un procès. Or, quand on dit que le chef de l'état est responsable, de laquelle de ces responsabilités parle-t-on ? D'aucune assurément. Est-ce qu'on voudrait que le prince fût forcé de rendre compte d'aucun de ses actes ? Est-ce qu'il est accusable, poursuivable, jugeable, punissable ? Est-il seulement discutable ? Par une nécessité invincible, là où le monarque serait seul responsable, la tribune et la presse ne sauraient être libres. Imagine-t-on une monarchie où l'on discuterait le roi pour tout, et où l'on ne discuterait que lui ? Si le prince est condamnable, il est changeable, et l'on a pour crises ministérielles des révolutions.

Changeable, dira-t-on, ne l'est-il pas, quoi qu'on fasse, et les révolutions ne sont-elles plus une menace toujours suspendue sur la royauté ? Si c'est une vérité historique qu'on nous oppose, on ne nous dit que ceci : Les rois ne meurent pas toujours sur le trône. Mais les empereurs romains aussi ont été déposés, emprisonnés, égorgés ; ils étaient donc responsables. Cette responsabilité-là prend trois formes, — conspiration, — insurrection, — assassinat. En vérité est-ce de cela qu'on veut parler ? Ce serait une dérision odieuse que d'octroyer aux peuples le crime de lèse-majesté et la guerre civile pour toute protection légale. Ce serait faire un singulier honneur à l'anarchie que de l'ériger en élément régulier de l'ordre établi, et à la rébellion que de la poser au rang des garanties constitutionnelles. Ce serait se jouer du suffrage universel que de dire au peuple : « Décernez le pouvoir unique et héréditaire, peu vous importe qu'il soit illimité, puisque c'est le vôtre, et vous le reprendrez quand vous voudrez, puisque vous êtes le souverain. » On n'est point détrôné par un plébiscite. Là où la monarchie héréditaire a été établie, le bon sens universel l'a décidé, on a entendu fonder l'inviolabilité du monarque. Or la responsabilité et l'inviolabilité impliquent.

Si vous insistez sur ce que l'inviolabilité est une fiction dont les révolutions se jouent, on en peut dire autant de toutes les lois. Toutes elles peuvent devenir à certains jours : des fictions. En général, les révolutions sont faites contre les lois et la plus sage est celle qui en viole le moins. Faut-il pour cela cesser d'avoir des lois et les tenir pour inutiles. Et sans force parce qu'elles ont souvent péri de mort violente ? De nos jours, il n'y a pas d'assurances contre les révolutions. Parce que Louis XVI été immolé et Napoléon mis en captivité, faut-il renoncer à regarder dans la monarchie héréditaire le monarque comme inviolable ?

Cessons donc de subtiliser sur la responsabilité. Avouons que là où les ministres ne sont pas responsables, personne ne l'est. L'absence de la responsabilité supposerait que les nations n'ont rien à voir à la manière dont elles sont gouvernées. Elles n'ont rien à y voir, puisqu'elles n'y peuvent régulièrement ! trouver à redire. Si l'on m'allègue les garanties morales, je dis que toutes celles qu'on peut imaginer, l'histoire, le jugement des sages, les sentiments du peuple, les limites du possible, les révoltes, les révolutions, tous ces tempéraments ou tous ces châtiments du despotisme ont existé de tout temps, jusque dans les monarchies les plus asiatiques, et que personne n'en a jamais inféré que celles-ci ne fussent pas absolues.

Ces vérités si simples sont cependant vite oubliées ; dès que les hommes voient dans le pouvoir illimité un protecteur ou un instrument, ils s'abandonnent à lui avec une aveugle confiance. À l'occasion de cette révolution de Suède qui inspire une assez scandaleuse admiration aux futurs enthousiastes de l'insurrection d'Amérique, une femme d'une grande âme et de beaucoup d'esprit écrivait [1] : « Je voudrais demander à tous ceux qui aiment tant le pouvoir, absolu s'ils ont parole d'y avoir part, comme ils l'ont à la liberté publique, et s'ils, ont sûreté de garder celle que le hasard leur y donnerait. » Ce conseil de la plus vulgaire prudence, notre révolution nous l'a répété sur tous les tons. Nous a-t-il profité ?

La responsabilité du pouvoir se résout nécessairement dans celle des ministres, et celle-ci conduit bientôt au gouvernement discuté. Le nom de ce gouvernement, tout le monde le sait, et, quoiqu'il fût encore à propos de l'expliquer et de le défendre, nous n'en dirons pas plus ici, nous bornant à protester contre la doctrine assez répandue qu'il faut choisir entre deux extrémités, et que l'extrémité appelée liberté, peu faite pour les hommes, ne l'est pas du tout pour la France. Cette alternative dans laquelle des écrivains nous enferment ne saurait être le fond de l'histoire des nations. L'histoire n'est pas si absolue. Malgré tout ce qu'on a pu dire contre les milieux, tant qu'il y aura une sagesse humaine, elle cherchera à s'y placer, et le but de la politique sera la liberté sans l'anarchie et l'ordre sans le despotisme. « La sagesse de tout gouvernement, quel qu'il soit, consiste à trouver le juste milieu entre ces deux extrémités affreuses, dans une liberté modérée par la seule autorité des lois. » Ainsi parlait Fénelon. « Mais les hommes, ajoutait-il, aveugles et ennemis d'eux-mêmes, ne sauraient se borner à ce juste milieu. » Fénelon se décourageait donc aussitôt qu'il avait parlé ; il disait ce que devait faire un gouvernement sage, et ne croyait pas à son succès. Que de gens, sans être des Fénelon, prennent ainsi le désespoir pour sagesse ! On aime à déclarer ce qu'on approuve impossible pour se dispenser de le faire. Rien n'est commode comme la conception du bien sans le courage de l'entreprendre.

---

1 La duchesse de Choiseul, *Correspondance inédite de Mme du Deffand, t. II, p. 128.*

Charles de Rémusat

Cela fait honneur à l'esprit et flatte la faiblesse. On juge les hommes incapables de ce qu'on leur souhaite, et tout est dit.

La corruption est un des grands mots qu'on met en avant. Tantôt ce sont les hommes qui sont trop corrompus pour la liberté, tantôt c'est la liberté même qui est une école de corruption. Je suis porté à croire que plus l'honnêteté serait rare parmi les hommes, plus il faudrait que l'honnêteté fût dans les lois. Les bonnes lois ne peuvent suppléer les bonnes mœurs ; mais cela vaut encore mieux que les mauvaises mœurs avec des lois mauvaises. Si les caractères sont faibles, si les consciences sont faciles, quel frein plus nécessaire que la publicité ? Quand les magistrats ont-ils plus besoin d'une responsabilité écrite que lorsque la responsabilité non écrite ne les touche plus ? L'honneur militaire ne vit que dans les armées ; l'honneur politique ne peut exister que dans une société politique, et il n'y a point de société politique sous le gouvernement absolu d'un seul. Relisez les mémoires de Saint-Simon, lisez ceux du marquis d'Argenson, ceux mêmes du modeste Barbier, qui enregistre les abus, les violences et les bassesses, en professant qu'il est du devoir des gens sensés de tolérer tout cela, et vous nous direz si la corruption des sujets de la monarchie absolue était une solide garantie de sa durée. Vous nous direz si c'est la liberté qui est corruptrice, et si l'absolutisme est à la fois l'exemple et l'appui de la morale. La corruption, dit-on, est la maladie des états libres. Il est vrai, mais elle est la santé des monarchies absolues. Les uns en peuvent mourir, mais les autres en vivent. On dit qu'une malversation célèbre a porté une grave atteinte au gouvernement de 1830 : on peut assurément concevoir des gouvernements d'un tempérament moins délicat et qui ne souffrent pas pour si peu ; mais voici ce qui trompe ceux qui ont-envie d'être trompés. Les pays libres disent ou plutôt laissent dire beaucoup de mal d'eux-mêmes. Ailleurs c'est différent ; la morale est plus discrète, elle ne se permet même pas ce qui se tolérait sous Louis XIV. Qui parlerait des cours ainsi qu'on en parlait de son temps serait mal reçu. Un prédicateur qui répéterait Massillon passerait pour socialiste. Voir le mal sans mot dire s'appelle restaurer le respect. Dans les pays où domine l'absolutisme moderne, il persuade ce qu'il veut. La dissimulation dont il sait user, le silence qu'il impose, le mensonge que tout lui rend facile sont des moyens de succès dont l'histoire

Liberté et Démocratie

atteste la puissance, et le monde n'est désabusé de rien. Quel est le préjugé si grossier, l'abus si scandaleux, l'imposture si effrontée que la force et l'adulation ne puissent parvenir à réhabiliter ? Quelle absurdité mille fois dévoilée qu'on ne puisse un temps remettre en honneur ? Les publicistes qui se prononcent pour le despotisme ne vantent point une chimère. Leur utopie est des plus praticables ; elle ne rencontre que des obstacles dont on est toujours maître de se débarrasser, car ils s'appellent des scrupules. Une fois bien établie, elle se donne les apparences qu'elle veut. Rien de plus facile que de soutenir aux hommes que ce qui est n'existe pas. Ils ne demandent pas mieux que d'ignorer et de croire. Ils ignorent les abus du despotisme parce qu'il les cache, et croient à ceux de la liberté parce qu'elle les divulgue. Incapable en effet de dissimulation, elle se montre telle qu'elle est. Elle ne jette aucun voile sur ses agitations ni sur ses périls ; pas une crainte, pas un blâme, pas une faute qu'elle ne publie. Bien plus, elle se diffame elle-même. Cette voix qui retentit sur la place publique ne trouve jamais d'accent assez fort pour dénoncer le mal que soupçonne la défiance ou suppose l'inimitié. La presse est comme le théâtre, déclamatoire, exagératrice, tout le monde le sait ; mais les habiles se prévalent de ses hyperboles pour persuader aux bonnes gens que la liberté est sœur de la corruption. Le vrai, c'est que ce qui est de droit commun sous un régime d'arbitraire devient abus dans un régime de liberté. Est-ce dans les pays libres exclusivement que la faveur décore la médiocrité, enrichit la platitude ? Est-ce dans les pays libres que le puissant trafique de son crédit, vend son influence, fait ses affaires aux dépens du public et déshonore l'état par la contagion de son exemple et le scandale de sa fortune ? Il est triste d'avoir à dire des choses si claires ; mais tout est à redire, et, même parmi nous, des préjugés divers et récents ont obscurci les vérités les plus simples. Et cependant la probité reconnaîtrait aisément qu'il existe entre elle et la liberté une sympathie naturelle, et la redemanderait, à voix haute, sans je ne sais quelle faiblesse qu'il en coûte de nommer. Le dirai-je au peuple dont les combats sont l'admiration de toutes les armées ? Il a peur de la liberté ! la France s'est laissé dire cette injure que la liberté n'était pas faite pour elle. Elle souffre ce langage à se faire soupçonner d'y croire !

Ainsi, après des lois qui assureraient inviolablement la liberté

Charles de Rémusat

individuelle et la liberté de la presse, la première chose à réclamer aujourd'hui dans les formes constitutionnelles, et comme *le couronnement de l'édifice*, ce serait la responsabilité du pouvoir. Ce ne serait pas moins que la liberté politique. Il reste à voir comment celle-ci est conciliable avec la démocratie.

Nous semblons en effet nous être écarté de la question de la démocratie. Nous en sommes moins loin qu'il ne le paraît. La liberté, telle qu'elle vient d'être définie, ouvre devant une nation armée de tous les droits civiques un concours où le pouvoir est disputé. Dans l'arène constitutionnelle, toutes les opinions, toutes les ambitions, toutes les passions, sont appelées à se mesurer. Leur lutte est violente ; c'est dans une chambre ou deux le bruit et la discorde de l'Agora ou du Forum, et ce spectacle émouvant, excitant, est porté par la presse sous les yeux d'une démocratie immense, qui peut manquer de lumières, de sang-froid, de jugement. Ni l'habitude, ni la réflexion, ni la connaissance des vérités de l'histoire ou des conditions de l'ordre social ne la préparent à traverser sans se troubler, sans s'échauffer, sans entrer en courroux, cette redoutable épreuve. Si elle est tenue rigoureusement en dehors de la sphère politique, si elle n'a rien à faire au débat que de le lire (quand elle peut le lire), que pensera-t-elle de ces luttes si vives où ses destinées sont engagées sans qu'elle y soit pour rien ? Comment prendra-t-elle le bruyant témoignage de cette classe plus riche à qui seule est réservée la vie publique ; et qui ne lui parlé à la tribune que des périls de l'état, du déclin de la puissance ou de la fortune nationale, des trahisons du pouvoir, des perfidies de l'opposition, des crimes des ambitieux de tous les partis ? Ne pourra-t-elle pas se croire la dupe ou le jouet de ses hommes d'état, se croire oubliée, abandonnée, trahie à son tour, et, dans sa colère aveugle, ne forcera-t-elle pas les barrières de la constitution pour faire irruption dans l'enceinte où d'autres passions que les siennes lui paraîtront se jouer de ses intérêts et de ses droits ? Là est, je n'en doute point, le danger principal, le danger peut-être unique de l'établissement d'une franche liberté politique au sein d'une grande société moderne, animée de l'esprit d'égalité, constituée sur le principe de l'égalité. C'est là que je place cette question de la démocratie, dont on parle tant en s'occupant si peu de la résoudre.

Ici on me donne naturellement pour solution le suffrage universel.

Liberté et Démocratie

Je ne conteste pas que ce soit une solution. J'ai regret que nos lois mettent le suffrage universel à l'abri de la discussion. Libre de n'en pas dire de bien, j'en dirais peut-être davantage. On me permettra au moins de remarquer que le suffrage universel n'est qu'un moyen légal de faire intervenir le peuple dans son gouvernement. Que ce soit le meilleur dans tous les temps et dans tous les lieux, comment le prétendre ? Il faut laisser à Dieu le privilège des vérités éternelles ; mais puisqu'il est, et qu'il est un fait grave et puissant, il faut bien reconnaître que le suffrage universel, étant destiné à donner au peuple le sentiment de son droit et de son action, a besoin d'être aussi réel, plus réel que tout autre mode électoral. Il importe qu'il ne devienne jamais une apparence, une illusion ; on le prendrait pour un leurre. Or un peuple ne doit pas être trompé ; on devrait trembler, s'il croyait jamais l'être. Nul système d'élection ne réclame donc plus que celui-là des formes et des garanties qui en assurent la liberté et la sincérité. Destiné à créer l'esprit public dans les masses, il n'y peut réussir qu'en leur donnant la persuasion et la conscience d'un rôle sérieux dans l'état. Il faut qu'elles se sentent vouloir. Si l'on dit que c'est poursuivre un résultat chimérique, on fait le procès au suffrage universel.

Je regarderais donc comme la question la plus digne de l'attention des publicistes la recherche du meilleur mode légal d'élection fondé sur la base du suffrage universel. Il est probable qu'une telle recherche, entreprise avec l'intention loyale d'inspirer à la masse de la population le sentiment d'une participation effective à la formation des pouvoirs de gouvernement, conduirait à poser, comme deux conditions indispensables, l'entière liberté de discuter les candidatures et les élections, la nécessité de l'instruction primaire pour exercer le droit d'élire. Qu'attendre pour un peuple de la liberté de la presse, si ce peuple ne sait pas lire ? Même avec ces deux conditions, bien des nations pourraient encore rester longtemps au-dessous du mandat que la loi leur aurait confié.

Ce n'est pas tout, et si l'on veut que la démocratie croie avoir part à la vie politique, il ne suffit pas qu'elle ait a de longs intervalles une formalité légale à remplir : il faut que les effets répondent aux promesses. Nous prenions tout à l'heure la défense des classes éclairées. Ce n'est pas que nous pensions qu'il ne leur reste rien à apprendre pour se montrer au niveau de leur rôle dans le

Charles de Rémusat

gouvernement, car elles peuvent faire plus pour la démocratie que la démocratie même, et il y a plus à attendre, plus à exiger des élus que des électeurs. Voulez-vous satisfaire, pacifier les masses, les intéresser au bien public, faites-leur sentir qu'elles vous intéressent. Ne rougisses point d'elles ; ne les négligez pas, ne les craignez pas. Pensez au peuple, et qu'il le sache. Ce qu'il lui faut dans le gouvernement, c'est moins la forme démocratique que l'esprit démocratique, je veux dire, comme Royer-Collard, l'esprit d'égalité. Que de misérables craintes ou de puérils dédains ne vous détournent jamais d'étudier la situation, de peser les plaintes, de veiller aux intérêts moraux et économiques du plus grand nombre. Qu'envers lui, la législation ne s'inspire que de justice et de bienveillance : sa condition est le grand problème politique des temps modernes. Éluder ce problème, l'ajourner, le taire, c'est faiblesse et imprudence. Y penser toujours, en parler souvent, c'est à la fois en prouver et en diminuer la gravité ; c'est se le rendre plus familier, plus abordable, partant plus soluble, et apprendre en même temps à tous combien il est difficile. La difficulté ne sera surmontée que peu à peu, par des mesures de détail, par des améliorations lentes et multipliées. Il faut ici une sollicitude constante, qui ne se lasse ni ne se cache jamais. On a pu souvent admirer combien dans cette Angleterre dite si aristocratique, et qui l'est en effet par quelques opinions et quelques institutions, la législation journalière l'est peu. Dans ses règlements financiers ou économiques, dans la plupart de ses réformes administratives, le parlement n'a le plus souvent en vue que ce qu'il appelle *le million*, et que nous appelons les masses. En comptant, on trouverait que sur un même nombre de délibérations la chambre des communes s'est peut-être en tout temps occupée trois fois plus souvent que nos chambres des intérêts populaires.

Otez les privilèges de la pairie et la loi des successions, il se pourrait que la législation anglaise fût plus respectueuse que ne l'est parfois la nôtre pour le principe du droit commun. On sait qu'il y a bien des années que nos voisins ont aboli la loi sur les coalitions, trouvant trop difficile de la rendre juste et égale pour tous. Je doute que l'on découvrît dans le livre des statuts l'équivalent de ce singulier article du code qui accepte comme preuve le serment du maître contre le domestique et n'admet pas la réciprocité. L'étude du remaniement des impôts en Angleterre depuis vingt ans ferait connaître nombre de principes et de mesures qui seraient chez nous taxés de tendance au socialisme. Il y a deux sentiments dont se doivent garer surtout les honnêtes gens promus en France à la gestion des affaires publiques : c'est l'humeur et la timidité. L'esprit de conservation qui s'aigrit et s'intimide perd à coup sûr ce qu'il veut sauver.

Il faut bien d'ailleurs se le tenir pour dit, ce qui grandit en ce moment, ce sont les classes ouvrières. Sans qu'il soit aisé d'en assigner la cause, car les institutions ont peu fait pour cela, un progrès intellectuel et moral se manifeste dans leur sein, et frappe les observateurs les plus clairvoyants et les moins suspects. M. Louis Reybaud, dans ses excellents mémoires sur les ouvriers en soierie, a constaté tout ce qu'avaient gagné parmi eux le respect de soi-même et le sentiment de la dignité. Un éminent professeur appelé par le vœu de quelques ouvriers de Paris à la présidence d'une société formée par eux pour l'établissement d'une bibliothèque commune a été frappé de leur discernement et de leur sagesse ; leur raison allait au-devant de ses conseils. Un voyageur très éclairé, et qui a soigneusement visité le camp de Châlons, a remarqué avec admiration le sens droit, le calme, la franchise, la noble réserve des simples soldats. On pourrait citer d'autres témoignages qui surprendraient fort. Il est à craindre que tout au moral ne soit stationnaire dans la société française, excepté l'esprit de cette foule inconnue dont nous ne savons pas nous faire entendre. Elle seule s'élève peut-être. Regrettons qu'elle soit seule à s'élever ; mais remercions le ciel qu'elle s'élève avec la destinée qui l'attend. Eh ! comment ne pas ressentir une sérieuse joie en pensant que cette multitude qui nous entoure, qui nous presse, qui parle le même langage, aime la même patrie, en qui nous reconnaissons notre nature et notre race, se rapproche à grands pas de la mesure moyenne de bien-être et de lumières où les hasards de la naissance nous ont appelés ? Quels préjugés égoïstes, quelles pusillanimes défiances pourraient nous rendre insensibles à ce lent avènement d'une démocratie pour qui la France de 89 a tant travaillé, tant souffert, tant combattu ? Comment ne pas la voir avec orgueil se relever d'un long abaissement et s'associer graduellement par le travail et l'intelligence à cette victoire de la pensée sur la matière et

Charles de Rémusat

de la science sur la nature, véritable émancipation de l'humanité ? Sans doute, la route de la révolution française a été jonchée de périls : il s'en peut rencontrer encore : l'avenir de la démocratie n'est pas sans nuages ; mais quoi ? toujours la craindre et ne jamais l'aimer ! Serait-ce donc là le moyen de la bien gouverner un jour, et ne sait-on pas qu'il y a plus de danger à s'éloigner qu'à se rapprocher d'elle ? C'est en s'isolant comme des partis distincts que les diverses portions d'une société homogène comme la nôtre sont parvenues à jeter entre elles ces étranges mésintelligences, sources des discordes civiles. C'est en se fuyant qu'on a fini par se combattre. Enfants du même sol, soldats du même drapeau, quoi que la France fasse, ne nous séparons pas d'elle. N'émigrons pas dans nos souvenirs, dans nos mépris, dans nos théories. Ne nous faisons pas une gloire d'ignorer notre pays et de méconnaître notre époque, si nous voulons illustrer l'un et l'autre. C'est en baisant la terre, cette mère commune, que le fondateur de la liberté romaine découvrit son génie.

ISBN : 978-1533613295

www.ingramcontent.com/pod-product-compliance
Lightning Source LLC
Chambersburg PA
CBHW062030280526
45787CB00005B/2277